Zhongguo Wenhua
Zhishi Duben

中国文化知识读本

齐鲁文化

吉林出版集团有限责任公司
吉林文史出版社

主编 金开诚

编著 杨金秀

图书在版编目（CIP）数据

齐鲁文化／杨金秀编著. —— 长春：吉林出版集团
有限责任公司：吉林文史出版社，2009.12 （2023.4重印）
（中国文化知识读本）
ISBN 978—7—5463—1970—4

Ⅰ. ①齐… Ⅱ. ①杨… Ⅲ. ①文化史－山东 Ⅳ.
①K295.2

中国版本图书馆CIP数据核字 (2009) 第236931号

齐鲁文化

QI LU WENHUA

主编／ 金开诚 编著／杨金秀

项目负责／崔博华 责任编辑／曹恒 于涉

责任校对／王文亮 装帧设计／曹恒

出版发行／吉林出版集团有限责任公司 吉林文史出版社

地址／长春市福祉大路5788号 邮编／130000

印刷／天津市天玺印务有限公司

版次／2009年12月第1版 印次／2023年4月第4次印刷

开本／660mm×915mm 1/16

印张／8 字数／30千

书号／ISBN 978—7—5463—1970—4

定价／34.80元

前　言

　　文化是一种社会现象，是人类物质文明和精神文明有机融合的产物；同时又是一种历史现象，是社会的历史沉积。当今世界，随着经济全球化进程的加快，人们也越来越重视本民族的文化。我们只有加强对本民族文化的继承和创新，才能更好地弘扬民族精神，增强民族凝聚力。历史经验告诉我们，任何一个民族要想屹立于世界民族之林，必须具有自尊、自信、自强的民族意识。文化是维系一个民族生存和发展的强大动力。一个民族的存在依赖文化，文化的解体就是一个民族的消亡。

　　随着我国综合国力的日益强大，广大民众对重塑民族自尊心和自豪感的愿望日益迫切。作为民族大家庭中的一员，将源远流长、博大精深的中国文化继承并传播给广大群众，特别是青年一代，是我们出版人义不容辞的责任。

　　本套丛书是由吉林文史出版社和吉林出版集团有限责任公司组织国内知名专家学者编写的一套旨在传播中华五千年优秀传统文化，提高全民文化修养的大型知识读本。该书在深入挖掘和整理中华优秀传统文化成果的同时，结合社会发展，注入了时代精神。书中优美生动的文字、简明通俗的语言、图文并茂的形式，把中国文化中的物态文化、制度文化、行为文化、精神文化等知识要点全面展示给读者。点点滴滴的文化知识仿佛颗颗繁星，组成了灿烂辉煌的中国文化的天穹。

　　希望本书能为弘扬中华五千年优秀传统文化、增强各民族团结、构建社会主义和谐社会尽一份绵薄之力，也坚信我们的中华民族一定能够早日实现伟大复兴！

目录

一、齐鲁文化的形成

从齐鲁建国开始，以泰山为界，山南以鲁为首，山北以齐为头

西周初年，姜太公被封于齐，将都城设在营丘，建立齐国。当时齐国非常落后，境内多是未开垦的荒地和盐碱地，居民靠畜牧业和渔猎业为生，与发达的中原地区相比，完全是夷荒之地。据《史记·齐太公世家》记载，姜子牙为治理好国家，放弃了传统习俗，因地制宜地实行"因俗简礼""尊贤尚功""通商工之业""便鱼盐之利"等治国方针，使鱼盐业、手工业和商业迅速发展起来。此外，周成王授予姜子牙"东至海，西至河，南至穆陵，北至无棣"的征伐之权。于是姜子牙不断开拓齐国的疆域，为以后齐国的发展打下了良好的基础。

秀美宜人的齐鲁风光

以后齐国一直保持强大的国力，人口增加，经济发展迅速，成为东方的强国，并一度成为春秋霸主。公元前221年，存在了八百多年的齐国为秦所灭。

（一）齐文化

作为齐鲁文化的一部分，齐文化有着与众不同的历史演变过程和独特的文化魅力。传统的中国文化中有很大一部分是来源于齐文化的。有人认为没有齐文化就没有今天的中华文明，这并非是夸张。

齐国建立，负责治理夷人意味着本地原来的东夷文化开始向后来的齐文化演变；周

泰山一景

公旦被封于鲁，其责任是护卫周室，因此宗周文化在鲁国得以完整保存。从齐鲁建国开始，以泰山为界，泰山南北的东夷人虽然都臣服于周室，却被一分为二，山南以鲁为首，山北以齐为头。而且，由于两国诸侯的施政方略不同，泰山周围的夷人风俗也出现了不同的变化。

周公旦治鲁讲究"尊尊而亲亲"，大力改造当地的夷人风俗，夷人遵行周礼十分彻底，几乎完全放弃了原有的文化。而姜太公治齐则讲究"尊贤而尚功"，对周礼并不热衷，所以齐国的夷人没有得到彻底改造，部分保留了原来的夷人文化。

　　另外，泰山南北地理环境有着天壤之别。泰山之南的鲁国，土地肥沃，适合发展农耕经济，很容易与重农的周文化相结合；泰山以北的齐地，却因土地贫瘠，难以推广农业文明，但有渔盐之利，导致工商业较为发达。因此，鲁人逐渐被周人同化，最终成为中原文化的典型；齐人则较多地保留了东夷人的

泰山南北地理环境的不同造就了齐人和鲁人不同的文化特征

文化传统，又借鉴中原文化，使本土的东夷文化有了新的发展。从这一点来说，齐、鲁两地的文化是泾渭分明、各具特色的。

春秋时期，作为齐鲁文化的核心成分——儒学产生于鲁国。战国时期，儒家学说的杰出代表孟子两度游学于齐，并在齐国居住了十几年，他的学术思想受到齐文化的熏陶。此外，作为儒家思想的集大成者的荀子在丰富和完善儒学思想的同时，通过学术交流将儒家思想在齐国的文士阶层传播开来。在此背景下，齐文化和鲁文化开始走向融合，共同构建了辉煌灿烂的齐鲁文化。

山东邹城的孟府孟庙

1."齐"名称的由来

历史上的齐国是当时疆域辽阔的大国，位于泰山以北，都城设在临淄。其疆域南到泰沂山区，北至渤海平原，西临黄河古道，东达山东半岛。今天的胶东、鲁北地区和鲁东大部分地方，在当时都包括在其境内。

至于姜子牙以齐为国名，是因为早在殷商之时，临淄一带就被称为"齐"。也就是说，"齐"的名称在姜子牙被封之前就已经存在了。到姜子牙建国，就沿袭了旧时的名称。在《中国历史地图集·商时期中心区域图》中，"齐"被标注为城邑。郭沫若考证后认为："齐当齐国之

古朴幽静的临淄古城

前身，盖殷时旧国，周人更之，别立新国而仍其旧称也。"由此可见，齐国的国名"齐"是因地而得。

齐地之"齐"又是从何而来的呢？在文献中没有详细的记载，所以学术界目前还存在争议，主要有三种不同的观点。

第一种观点认为"齐"字来源于临淄附近的天齐渊。据《齐记》记载："临淄城南有天齐泉，五泉并出，有异于常，言如天之腹齐也。"《史记·封禅书》中讲道："齐之所以为齐，以天齐也。……天齐渊水，居临淄南郊山下者。"在古代文字中，"齐"字与"脐"字相通，因此"天齐"就有了天的肚脐、天的中心的意思。由于临淄附近有天齐渊，当地先民把临淄看成"天之腹脐"、世界的中心部位，因此临淄地区便得名"齐"。

临淄城古老斑驳的城墙

第二种观点主张"齐"字来源于当地的地理环境。"齐"的古义是"禾麦吐穗，上平"；而甲骨文、金文中"齐"字的字形很像小麦吐穗的形状；临淄地区恰好自古以来就以农业为主，尤其是小麦种植极为发达。因此得"齐"之称，也就是"小麦种植区"的意思。

第三种观点强调"齐"字与弓箭和东夷崇尚武术的习俗有关。在甲骨文和金文中，有人认为"齐"字很像三枚箭头，再加上"夷"字的字形体现的是人背大弓，蕴含了东夷人发明弓箭、崇尚武功等史实，后人因此得出齐地是"崇尚弓箭的东夷人所居中心之地"的结论。

不论"齐"由何而来，生活在齐地的齐人都坚信齐地是华夏文明的中心地区，

齐鲁地区出土的文物

临淄城内雕刻精美的建筑

并创造出了辉煌灿烂的文化。

2. 齐文化的特点

齐文化以东夷文化为主、周文化为辅。经济上，以农业为主，提倡农、工、商并举；政治上，尊贤而尚功；文化上，主张宽松自由、兼容并包，表现出强烈的革新性、开放性和包容性。

在经济文化上，齐国追求农工商并重。用今天的眼光看，齐国依山傍海，地理位置优越，经济繁荣是必然的。但在周朝刚刚建立时，这里却是另一番景象：土地贫瘠、人口稀少、经济落后。面对这种状况，姜子牙通过实地考察，决定因地制宜，制定出了农工商并重、五业俱兴的政策。发展农业以代替传统的畜牧业和渔猎业，纺织手工业和商业也繁荣起来。这实际上是出于齐人希望获取更多物质财富，以此来推动以经济繁荣为出发点与终级目标的功利观念。

在姜子牙的努力下，齐国的经济迅速发展，国力极大增强。姜子牙之后的几代齐王都进一步巩固和发展了这种政策。最终，齐国成为春秋时代的第一位霸主。虽然后来历经内乱，被田氏取代，却始终作为东方大国活跃在春秋战国的舞台上。在齐国由兴盛至灭亡的八百余年中，虽然天下纷争不断，但

齐国历史博物馆齐国都城实景图

管仲塑像

是齐国始终以国富民强而闻名于世。这些均体现了齐在经济文化上因地制宜、因时制宜、不墨守成规、注重事功、力求发展的功利主义色彩。

在政治文化上讲究尊贤尚功，姜子牙主政齐国，在政治上制定了"尊贤尚功"的策略，这一政策对齐国的政治生活和政治文化产生了深远的影响。具体表现在两个方面：不计出身，唯才是举；以功为尚，不重名分。齐国的始祖姜子牙出身寒微，在遇见周文王之前，一直不得志，他怀才不遇的切身体会，固然是这一政策产生的原因之一，更重要的则是齐国富有功利主义色彩的文化土壤以及统治者的远见卓识。尤其是周朝建立了宗法制度，人一来到世界，其社会地位和权力便已经确定，在齐国却有所不同。

齐国的历史上有两位功绩显赫的贤相——管仲与晏婴。管仲是小商人出身，身份低贱；晏婴的出身也不高贵而且其貌不扬。但两个人最终都跻身齐国的显赫权贵之列。特别是管仲，最初是齐桓公政敌公子纠的老

山东淄博晏婴墓

齐鲁文化的形成

师，还曾策划并参与谋杀齐桓公的行动。在公子纠失败之后才投身桓公手下做事。管仲的为人处世原则与当时士大夫们的道德观念背道而驰。包括他和鲍叔牙的朋友之交，在人们眼中，是典型的小人遇见君子。他追求自己的功名，为了使自己"功名显于天下"，可以"不拘小节"。这里的"小节"，就是事君主的忠、参战争的勇、分财物的谦让、为人处世的尊严等，对他的这些行径，人们很是不齿，这充分表现出他的商人特性。

齐桓公重用他，不仅是看重了他在贫困时积累的丰富经验与追求利益时的灵活机智，更钦佩他为追求功名而表现出来的百折不挠的精

山东田齐王陵景观

神。这些事情正体现出齐国政治文化的功利性。

在学术上主张兼容并包,形成宽松自由、开放包容的学术氛围。姜子牙刚刚到达齐地时,实行了"修道术,尊贤智,赏有功"和"因其俗,简其礼"的方针。这一方针虽然与老子的道家思想颇为相似,却表现出各种思想兼收并蓄的形态。比如:管仲的思想主张以及治国之策与法家相近,晏婴则更接近墨家的主张。这使齐文化表现出开放性、包容性的特征。

在齐国八百多年的历史中,几乎没有一种思想能够取得独尊的地位。"百家争鸣"

泰山一景

齐鲁文化的形成

秀丽的崂山

虽然是人们用来形容先秦学术交汇盛况的，实际上也是对齐文化兼容并包特点的高度概括。

先秦诸子思想在齐国的稷下形成百花齐放、百家争鸣的局面，各国的学者齐集在齐国，充分体现了齐国学术的"集百花于一束，熔众家于一炉"的特点。而这个特点也正好表现出齐文化兼收并蓄、不尚道统、讲求事功的特质。

齐文化中具有比较突出的功利色彩，在经济政治的政策选择上注重事功、物利，却从未使人产生肃穆的压抑感，而是带有极大的开放性与灵活性，也就是说，这种功利性是与随意性和实用性相结合的。主要原因就在于齐国是神仙方士的发源地，海内三神山的传说是由这里产生的，战国至魏晋时期出现的著名方士也大多是齐人。

关于"三神山"，司马迁在所著的《史记·封禅书》中写道："自威、宣、燕昭使人入海求蓬莱、方丈、瀛洲。"用今天的科学知识来解释，所谓的"三神山"应该是海市蜃楼，也就是幻景。战国时齐国的方士们正是从这种空灵斑斓的幻景中受到启发，创立了仙道学说。

当时的燕、齐一带盛行神仙观念与方术，就连统治者也十分热衷于求仙活动。加上战

山东崂山太清宫一景

国属于社会剧烈变革与动荡时期，许多人都对现实感到茫然、苦闷，想躲开这个"恶浊的世界"。但是，这个现实的世界是躲不开的，吃饭、穿衣等众多实际问题都需要解决。于是，人们利用玄想创造的"吸风饮露，游乎四海之外"的仙人便产生了。

战国时期的社会现实在一定程度上打破了原有的规范与秩序，出现了思想解放，个人不但在政治上得到权利，在经济上获得保障，还脱离了贵族的羁绊、"上天"的束缚，获得了相当程度的自由，由此产生了"做仙人，服不死之药，从此无拘无束，与天地相终始"的思想。

此外，空灵、缥缈的仙境也寄托着人们在

齐国故城出土的人形足敦

仙道思想影响下对现实纷扰、人生短促的超越、解脱心理。的确，人们越是向往"老而不死"的仙境，仙境就越发显得神奇、华丽，引起人们无尽的企盼，且这种企盼越强烈，人们求仙寻道的活动就越疯狂。在战国到汉的这段时期内，尽管人们从未找到过实际存在的神山仙境，方士们的预言也屡次不灵，但封建帝王仍幻想长生不老、永为人主。从上述内容可知，相对于其他地域文化，齐文化带给人的是一种由空灵构筑的仙境，又由于其中注入了功利的因素，这种仙境逐渐演化成人间仙境。在这个仙境里，原有的社会价值规范被逐一打破，人们在精神

山东曲阜古城

上获得了更多自由和想象的空间，也更加不看重世俗的约束。

（二）鲁文化

武王姬发之弟周公旦受封于鲁。由于成王年幼，周公留在王室，辅佐成王，其长子伯禽代替周公前往鲁，因此鲁国第一位国君实际上是伯禽。鲁国境内地势平坦、土地肥沃、水源充足，适合农业、畜牧业和蚕桑业的发展，经济实力很强。由于这里原本是殷商势力较强的地区，东夷部族也不甘心臣服，因此鲁国局势一直动荡。直到鲁炀公最终彻底征服了周边，鲁国才在曲阜一带站稳脚跟。外患虽平，内忧又起。不断的政局动荡，

使鲁国的经济和军事都没有什么进步，逐渐落后于其他国家。公元前 256 年，鲁国被楚国所灭。

　　鲁国虽然是齐国的近邻，但是在西周春秋战国的长达六七百年的时间里，齐文化和鲁文化是沿着各自的轨迹发展的。鲁文化以周文化为主、东夷文化为辅。经济上，特别重视农业生产；政治上，强调宗法制度；文化上，采取"变其俗，革其礼"的方针，用周文化强行改造土著文化，是一种重仁义、尊传统、尚伦理、贵人和的道德型文化。

河南鲁山，最早的鲁国就在这一地区

司马迁在《史记·游侠列传》中写道："鲁人皆以儒教。"这里的"教"为教化之意。由此可见，儒学对鲁国人有非常大的影响。作为一种源远流长的文化，鲁文化在孔子之后又相继出现了子思、孟子、荀子等集儒家文化之大成的思想大师。他们对鲁文化与儒学的承继、传播和发扬，都作出了不可磨灭的贡献。

1."鲁"名称的由来

据考证，最早的鲁国并不在如今的山东曲阜一带，而是在今天的河南省的鲁山一带。周公旦在东征前，就已经在成王的劝说下建立了"鲁国"，而此时的曲阜一带还被古奄国（存在于商朝时期）占领着。伯禽刚到此地，各部族趁其立足未稳，发动了叛乱。伯禽于是代表周王室担负起镇抚徐、奄的使命，讨伐叛乱。鲁国的势力也开始由西向东逐步发展起来，渐渐控制了包括曲阜在内的大片土地。为巩固和加强对东夷地区的统治，周公旦决定，将鲁国封在曲阜。伯禽由鲁山迁往曲阜，后来的鲁国，就是在这一基础上逐步发展起来的。

秦国吞并各国，建立了统一的秦王朝，但无论之后怎么变化，泰山以南的汶、泗、沂、沭水流域仍沿称"鲁"。

今日曲阜

曲阜一景

2. 鲁国的统治方针

鲁文化基调是强调道德至上和固守周朝礼乐，为鲁文化确定发展方向的正是周公旦。他对鲁文化乃至整个中华文化影响深远。据《尚书大传》记载：周公旦受封鲁国后，因武王过早离世，而成王又年少，必须留下来主持朝政，于是伯禽代其父管理鲁，并延续了周公旦等姬姓贵族创建的宗周文化。因此，鲁文化不同于齐文化，是由特

定的历史文化渊源决定的。

　　周公旦是周文王之子、周武王之弟，在推翻商王朝的过程中，周公旦的表现与功绩并不十分突出。武王去世后，年幼的成王即位，周公旦以王叔的身份辅政成王，实际上是周朝建立之初真正的决策者，为周初政权的巩固、周朝各项制度的确立与周代文化的建设都作出了卓越贡献。他的地位、功绩和影响均远远超过其他人。

　　周公旦为鲁国确立的统治方针是"变其俗，

曲阜古城墙

革其礼"与"亲亲上恩"。包括伯禽及其后继者，一直遵循这一方针，坚持以德治国和固守周朝礼乐制度。作为西周文化的奠基人和鲁文化的设计者，周公旦的思想精髓和西周时代主流文化、主流思想，在鲁国文化上都得到集中和具体的体现。

"变其俗，革其礼"，是因为鲁国商、奄遗民较多，统治者要彻底改变原有政治制度，不断向他们灌输周朝的政治思想和道德观念，使他们真正成为周的臣民，这是继武力征服之后的文化征服。如果说齐国的"因其俗，简其礼"侧重于包容、吸收不同部族、不同方国的文化，

泰山每天都吸引着大量的游客
前来观光旅游

鲁国的"变其俗，革其礼"则侧重于向其他部族推广和传播周朝的文化。事实上，这两种政策都是从各自国情出发的、合乎实际的选择，都对本国文化的发展起到了积极的推动作用。齐国的文化政策成就了博大开放的齐文化；鲁国的文化政策造就了鲁文化的精纯。如果没有"变其俗，革其礼"的治国方针，没有坚决维护周文化为本位的态度，没有对祖先理想的执着追求，鲁国就不可能形成自周公旦到孔孟的一脉贯通的文化传统，其文化也就不能称其为鲁文化了。

至于"亲亲上恩"的方针，"亲亲"，就是贯彻执行宗法制度，巩固以血缘关系为纽

美丽的齐鲁风光

孔子圣像

带的宗族组织，强化宗族成员间的血缘认同感，来提高宗族的凝聚力和向心力；"上恩"，就是强调血缘情感在调节贵族内部关系方面的重要性，强调用传统的道德手段来约束宗族成员的行为，以及从宗族组织整体复兴的大局出发，宽宥贵族的某些违礼行为。

事实上，只有依靠强有力的宗族组织和姬

有"天下第一山"之美誉的泰山
是齐鲁文化的发源地

泰山孔子塑像

齐鲁文化的形成

稷下学宫遗址

姓成员的团结一致，共同应对来自外部的压力，征服者才能在这块陌生的土地上站稳脚跟并生存下来。所以，伯禽及其后人，始终对周公旦制定的"亲亲上恩"原则奉行不悖，取消了异姓贵族参与重大决策的机会，确保自己统治的安全，使鲁文化走上重亲情、重礼仪、重道德规范的道路，淋漓尽致地发挥宗周文化的特长。

总之，鲁国的"变其俗，革其礼"与"亲亲上恩"表现出了一种唯我独高、睥睨一切的文化霸气，也是统治者自信及实力的反映。

（三）齐鲁文化的交融

齐、鲁两国以泰山为界，本是邻邦，即使是在交通不便利的古代，两国之间的相互交往和影响也是不可避免的。两种差异性很大的文化互相吸引和交融，特别是秦王朝统一天下之后，实行一系列促进统一的政治、经济、文化方面的措施，文化樊篱被打破，齐鲁两地的文化虽然仍保持着各自的特色，却日益变得你中有我、我中有你。在齐鲁文化交融过程中，稷下学宫起着重要作用。

稷下学宫始建于田齐桓公时期，因邻近齐国国都临淄的稷门而得名。稷下学宫是齐

鲁文化交融的重要阵地，是战国时期的政治咨询、学术交流中心，是诸子百家争鸣的重要场所，也是闻名于世的文化教育中心，更是各种文化思想理论学说会聚、碰撞、交流、融合的地方，是我国最早的官办大学堂。在先秦时期的齐国乃至齐鲁两国的文化史上都占有重要地位。

战国时代，是我国历史上第一次社会转型期。整个社会处在大变革之中，各诸侯国都把如何称雄于列国、实现统一天下的霸业，如何管理国家、巩固政权、富国强兵等重大问题放在首位，因此急需一批具有济世才能的政治人

田齐王陵——二王冢一景

才为自己出谋划策、执政掌军，以实现"一匡天下"的政治理想。

田齐的第三代君主田午（齐桓公）跟其他诸侯一样，也面临着新生政权巩固和人才匮乏的现实。于是，他继承齐国"尊贤纳士"的优良传统，并借鉴姜齐桓公的方法，在国都临淄的稷门附近建起了学宫，以此招揽天下士人，到稷下学宫传道授业、著书论辩。

齐威王即位后，为了革新政治、整顿吏治、发展生产、繁荣经济，对人才的需求更加强烈。于是，他扩建稷下学宫，选贤任能、广开言路，使齐国成为东方霸主，稷下学宫也由此进入蓬勃发展的新阶段。

公元前319年，齐宣王即位。当时的齐国政治稳定、经济繁荣，他决心继续加强经济、军事实力，大展宏图。为了适应这种政治上的需求，齐宣王采取开明的政策，大力发展稷下学宫，采取"趋士""贵士""好士"等礼贤下士的措施，封赏有政治思想和实践经验的稷下学士，将一些人任命为"上大夫"，允许他们参与国事，参与制定典章制度和匡正官吏乃至国君的过失。他还为稷下学士们提供优厚的物质待遇，鼓励他们著书立说、讲习议论，展开学术争鸣。

这些政策的实施使稷下学宫吸引了四方人才，各国学者纷至沓来，其中就包括田骈、

齐国营丘城故址

捷子、邹衍、慎到、环渊等众多著名学者，稷下学士达数万人，并有继续发展的势头。学者们参政议政的意识也得到很大程度的提高，学术研究的自主性、创造性与积极性空前高涨。

到了齐湣王后期，他穷兵黩武、好大喜功，没有先辈招贤纳谏的雅量，拒绝了许多稷下先生的劝谏，导致稷下学者们纷纷离齐而去。荀子就曾以稷下学士的身份劝谏齐相田文，不但没有得到重视，反而屡次遭受讥讽，最终只得离开齐国。当时是稷下学宫自建立以来最为冷清萧条的时期。后来，燕国大将乐毅率领大军攻入临淄，齐湣王惶惶逃奔莒地（今山东莒县）

被杀身亡，稷下学宫也在这次战争中遭到破坏，被迫停办。

齐襄王复国后，努力恢复和延续稷下学宫，但战争使齐国元气大伤，无力恢复强国与霸主的风采，即使学宫仍在、荀子等名士复归，稷下学宫仍无法恢复以往的繁荣。

襄王去世后，国内政治一片混乱，国势渐衰。此时的稷下学宫虽仍存在，但已毫无生气。在秦灭齐统一中国时，稷下学宫随之消亡，存在约一百五十年。其创办时间之长、规模之大、影响之深远，在整个古代教育史上都非常罕见。

稷下学宫在鼎盛时期是战国年间诸子百家荟萃的中心，儒家、道家、法家、墨家、名家、兵家、阴阳家、小说家、农家等各学术流派都曾活跃在稷下论坛上。他们因阶级、阶层、地域文化、政治倾向、思维方式、价值观念、心理结构等方面的差异，各有自己的思想体系、学术主张、主题理论，使稷下学宫出现了思想多元化的格局。

稷下学宫能在齐国存在并最终发展壮大，与当时齐国实行开明革新的思想文化政策是密不可分的。虽然稷下学宫的各家

齐桓公塑像

田齐侯剡之墓

各派各执一说，甚至有些学派的思想理论体系还相互矛盾，但齐王从不干预，甚至还创造条件鼓励争鸣，使各家各派都能平等共存、互为兼容、自由发展。

稷下学宫的出现不仅促进了百家争鸣的展开，形成了先秦百家争鸣的高峰，各国学者聚集在稷下学宫，形成了中国历史上著名的法家、道家、儒家、黄老、杂家、阴阳等学派，促进了齐鲁文化的融合，还促进了学术思想的繁荣，逐渐成为中国传统文化的主流。对我国古代思想、文化教育发展产生了重大而深远的影响，为中华文明的发展作出了巨大贡献。

二、齐鲁文化的特色

管仲像

孔庙一景

　　齐鲁大地是中华文明的重要发祥地之一，陆海相连，人口稠密，物产丰富；齐鲁文化，源远流长，学派众多。这块土地人杰地灵，孕育了许许多多著名的思想家、政治家、军事家和文艺家，为人类贡献出许多重要的思想体系、丰功伟业、文化精品，为中华文明的丰富和发展，作出了巨大的贡献。

　　首先，齐鲁文化是一种融功利主义与理想主义为一体，德法并重的文化体系。周公和姜太公作为先驱者，经过数百年建构起鲁文化和齐文化两大体系，并在此后几千年的历史发展中相互融合发展，使齐鲁文化具有旺盛的生命力。周公封于鲁，其后人将周礼传承下来；孔子则以"仁"为核心创立儒学，将礼乐文化提升为礼义之学，孟子继承孔子的儒学传统，使鲁文化形成崇仁、重礼、尚德、贵和的精神品质。姜子牙封于齐，将周礼部分内容与当地东夷文化和民俗结合起来，在建立礼乐制度的同时，注重发展经济、健全法制、增强实力。至齐桓公和管仲，形成霸业。后又有晏婴治齐，政绩卓著。以《管子》为代表的齐文化，礼法并重、农商同举、义利兼顾。鲁文化与齐文化的汇合与互补，使得山东的古代文化既重视人文价值理想，又

孔庙是人们为纪念孔子而修建的

重视现实国计民生；既注意道德礼乐的建设，又注意行政法规的完善；既保持厚重的传统，又能包容开放。

其次，齐鲁文化中贯穿着儒学和道家两大文化主线，形成儒道互补、相辅相成的格局。儒家重人文化成，道家重自然淳朴；儒家以教育和修养，提升人性，改良社会，道家以复归和无为，克服异化，超越世俗；儒家重群体关系，道家重个人自由。儒道互补使中国文化内部有一种良性的制约与平衡，这一点在齐鲁文化中尤为明显。这里是孔子、孟子和儒学的故乡，儒学影响巨大是举世公认

齐长城遗址

的。其实道家和道教文化也在这里有很深的根基。庄子出生地还有待考证，不过他主要活动于山东、河北、河南交界一带。唐代封庄子为"南华真人"，封《庄子》为《南华真经》，而南华山就在菏泽东明境内。庄子既传承楚文化，又深知儒学，由于这一带濒临大海，自古便有神仙传说和修仙方士，遂成为道教重要源头；金元之际又有全真道从这里兴起，这是有深刻历史文化背景的。

　　再次，齐鲁文化是一种在儒家、道家、法家思想的基础上，吸收诸子百家之长形成的具有兼容性的文化形态。先秦时期学术上的百家争鸣，集中体现在齐国稷下学宫，各种学派都可以在这里自由发言、平等讨论，故天下学者云集于此。古代山东是学者的天堂，除了儒、道、法之外，还出现过墨家、兵家（孙武与孙膑）、阴阳家（邹衍）等学派，都产生过重大影响。管仲是颍上人，却做了齐国的宰相；荀子是赵人，却在稷下学宫多次任主持。这都说明古代齐鲁文化的昌盛，是由于有尊重人才的良好传统。西汉时期，齐鲁经学保存最为完整，隋唐以后，中国文

山东孔庙棂星门

齐鲁文化的特色

化中心南移，在齐鲁大地上，仍然哺育出许多历史文化名人，如文学家辛弃疾、李清照、蒲松龄，军事家戚继光，大学者王懿荣、傅斯年，宗教家丘处机及其余全真六子。在北方地区，山东的文化始终是活跃和多彩的。

第四，齐鲁文化具有多元性。齐国、鲁国在初期建国时，既秉承有西周文化，又注意吸收当地文化，所以从文化的渊源和基础来看，既有周人的传统文化，又融合了当地土著文化和部分文化，所以齐鲁文化的基础是多元的，在以后的长期发展中，齐鲁文化不断吸收和融合各种文化成分，沿着多元的方向继续发展。战国时形成的诸子百家中，许多学派与齐鲁文化都有渊源关系。

第五，齐鲁文化是自由开放的文化。西周时

山东丘祖殿是为纪念长春真人丘处机而修建的

齐长城遗址

期，齐鲁是东方大国，远离成周，有相对的独立性，文化形成各自的特色，其发展有较大的自由。春秋战国各诸侯国割据一方，周天子失去权威，思想文化的载体——士人知识群体正式形成，这些为文化的发展奠定了更广泛的基础。尤其是士人阶层在这个时期有相对独立的人格和自由认识自然与社会的权力，形成各自的价值判断。他们可以把一切客体作为认识对象，自由地研究和解释，

山东孔庙一景

形成不同的学说理论。稷下学宫建立后更是如此，正如《史记》所说："自邹衍与齐之稷下先生，如淳于髡、慎到、环渊、接子、田骈、驺奭之徒，各著书言治乱之事，以干世主，岂可胜道哉！"鲁国文化以儒学为主，以厚重著称，但儒学本身是一种开放的文化，孔子、孟子、荀子诸位儒学大师一方面吸收各种思想学说的有益成分，成就自己的一家之言；另一方面，也以自己的观点批判其他学派，在各种思想文化的碰撞、交锋中，丰富发展着儒家学说。

最后，齐鲁文化在近代与西方文化的碰撞中，逐步实现其近现代的转型。齐鲁大地地理位置优越，既有内陆地区，又有较长的海岸线，因而陆海交通便利，自古以来与朝鲜、日本保持着海上交通。中华农耕文明到了近现代，受到西方工业文明的冲击，日益落后，西方列强的侵略势力首先从沿海地区进入中国，胶州湾和胶东便成为殖民主义的掠夺对象。在帝国主义的侵华史上，胶东大地记载着许多耻辱的事件，给人们带来深刻的挫折感和震撼，齐鲁文化的精神传统也发生了历史性的转变。当地人民既有反抗外来侵略的光荣历史，同时也善于吸收西方文明

齐鲁地区风光秀美，人杰地灵

的优长，发展对外海上经贸事业，使沿海地区的文化较早具有中西融合的特色。而地理优势和人们较开化的心理素质，对于改革开放以后山东的经济和社会发展，起了积极的推进作用。

三、齐鲁文化的贡献

齐鲁文化原本是中国众多的区域性文化之一，但由于这一区域性文化取得了非同凡响的成就，在全国产生巨大的影响，成为全国性主流文化，在中华文明发展史上发挥了非同寻常的作用。其中最具规模的主要有三次。

　　第一次是孔子创立的儒学。汉朝实行罢黜百家、独尊儒术以后，历代王朝均以儒学作为官方学说，四书五经成为思想经典，孔子被尊为万世师表，孔孟之道定为治国安邦和引领社会人生的指导思想，儒学在中国传统思想文化中处在主干和基础的地位。儒学的仁爱、尚德主张，促进了中华民族的繁荣和统一，使中国成为道德礼义之邦与讲信修睦之国。儒学的尊

山东孔林景观

卑亲疏之礼使中国的封建专制统治延续了两千年之久。曾经促进了中华文明的繁荣，却也束缚了中国近现代的发展。儒学还传到东亚各国，形成儒学文化圈，对于东亚的文化有着深刻而广泛的影响。儒学的功过是非，需要用历史的眼光来看待。但孔子作为中国传统文化的代表和世界文化名人，是举世公认的。在消除了陈旧的内容之后，儒学的精华所具有的普遍价值正在发出新的光芒，成为当代中国和人类拥有的一种宝贵的精神文化遗产，相信在中国现代化和人类文明转型中可以继续发挥越来越大的作用。

第二次是以管仲为代表的礼法并用、农商皆重、义利兼行的治国理念，成为汉以后两千余年朝廷治理国家的根本政策，为历代帝王在实际的执政实践中所奉行。管仲提出的"礼义廉耻，国之四维"，一直是治国的基本原则；同时礼主刑辅，把礼制和法制结合起来的原则，也对后世产生深远的影响。鲁文化强调人文价值，齐文化讲究实用功效；儒学重视原则，管学讲求运作。以礼学为例，孔子提出"克己复礼"的大方向，荀子则将礼与法、礼与政结合起来。叔孙通（山东滕州人）参照古礼，为汉王朝制定礼仪制度，成为以后历朝修礼的基本模式。汉代礼学发达，礼制隆盛，使礼文化在

山东临沂荀子墓

钟灵毓秀的齐鲁风光

政治、道德、民俗各个层面都得到展现。据冯友兰先生研究，汉代礼学大都上承荀子学说，并使之制度化，而荀学乃齐稷下学派重要组成部分。由此可知，齐鲁文化对于两汉及其以后历朝的制度文化建设，影响是巨大的。

第三次便是全真道的兴起及其在全国的流传。全真道的鼻祖王重阳是陕西人，他在关中悟道，来到胶东不久，收纳和培育了马钰、谭处端、刘处玄、王处一、丘处机、郝大通、孙不二七大弟子，正式创立了全真道。而全真七子皆一流人才，以三州为基地，把全真道传向全国各地。其中尤其以丘处机为全真道扛鼎人物、兴盛功臣。他不顾路途凶险、遥远，西行雪山会见成吉思汗，实现其"一言止杀"的宏愿，使全真道成为颇有影响的全国性教派。与正一道一起，主导了中国道教史后期的发展方向，并给予儒学与佛教以深刻的影响，成为中

刻有丘处机西行简介的巨石

国传统文化的核心部分之一。全真道高唱"三教
一家",重视身心解脱、性命双修,对于多元性文
化的融合和中国养生文化的丰富与发展,有独特
的贡献。王重阳和北七真表现出的慈勇勤苦、包
容通和、坚毅不拔的精神,充实了中华民族精神
的内涵。齐鲁文化的优良传统,至今影响着齐鲁
大地,哺育着齐鲁人民。齐鲁人民道德淳厚、民
风质朴;重教育、重人才,教书育人,成绩斐然;

崂山太清宫一景

倡实干，讲效益，不务虚夸；求新促变，勇于吸收引入国外先进文明成果，故经济与社会发展速度较快。这些当然主要是实行改革开放政策的效果，但它与齐鲁文化在民众中积淀的优良传统也有密切的关系。

四、齐鲁文化的地位

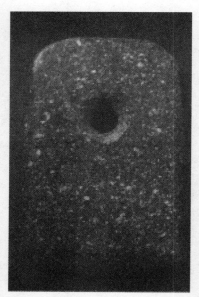

齐鲁地区出土的龙山文化花岗岩石斧

齐鲁文化在中国文化和文明发展史上占有重要的地位，这是人所共知的。作为中华人类发祥地之一，它有四五十万年人类活动的历史，也是中华文明发祥最早的地区。东夷文化距今大约有八千多年历史，其中，距今大约六千年的大汶口文化中期就发现了中国的象形文字——陶器文字，它有迄今为止最早的新石器文化。作为同一文化系列的龙山文化、大汶口文化和北辛文化的上源，后李文化已上推到距今八千年前，这是迄今为止中国大地上发掘的新石器文化最早的年代。历史久远、底蕴丰厚的齐鲁文化，最具有象征意义的文化符号，是人们所熟知的"一山、一水、一圣人"，一山即号称五岳之尊的泰山，一水即中华民族的母亲河黄河，一圣人即被尊为万世师表的孔圣人，由此足可看出齐鲁文化的历史地位。

（一）泰山与齐鲁文化的地位

"泰山"古称"东岳"，为中华五岳之首。泰山有着深厚的文化内涵，是东方文明的象征。

泰山总面积426平方公里，主峰海拔1545米，气势磅礴，雄伟壮丽，还有丰富灿

现藏齐国历史博物馆的大汶口文化彩陶觚

烂的历史文化。这里发现了 5 万年前新泰人的化石，40 万年前沂源人的化石遗存。泰山自古就被称为名山、神山、圣山。孟子曾说"孔子登泰山而小天下"。泰山在人们心目中，占有众山的至高、至大、至重、至尊的地位。主要原因是历代帝王的封禅。

"封禅"，是中国古代民族或国家最高祭奠。因为它是人间"帝王"与天、地通话的仪式。《史记·封禅书》载："此泰山上筑土为坛以祭天，报天之功，故曰封。此泰山下小山上除地，报地之功，故曰禅。封禅者，神之也。"我们中华先民心中最高的主宰神是天，其次是地，即所谓

"泰山"古称"东岳"，
为中华五岳之首

"皇天后土"。《尚书·大禹谟》载："皇天眷命，
奄有四海，为天下君。"皇天是至高无上的君主，
主宰着人间万民万物，君权是皇天授予的。因此，
"易姓而王，致太平"，必封泰山，上报天，下报
地，以"报群神之功"。自秦汉以来，帝王登基
之初，太平之岁，通常都要到泰山举行封禅大典，
祭告天帝。先秦时期就有 72 位君主到泰山封禅。
秦汉以后有 27 次。

但是，一般帝王没有资格封禅，一定要受命
于天，奄有四海，致天下太平者才有资格。选择
在泰山举行这么隆重的封禅活动，最主要的原因
是儒家思想成为国家正统思想后，山东的儒生们

极力鼓吹泰山的神圣。长期居住在泰山一带的人们，以为泰山最高，上可通天，下可通地，于是就成了代表天地主生死之神。人死魂归泰山的传统习俗，又是泰山一带为古民族聚居、文化发达的一个佐证。

泰山无字碑

泰山一带为齐鲁地区原始民族的文化中心之一。据文献记载为传说时代，据考古发掘为新石器时代已无问题。因为有大汶口文化和传说的无怀氏、伏羲氏、神农氏、炎帝等封禅泰山的丰富资料为证。特别是孔子说，古代易姓而王封泰山禅梁父，"可得而数者七十余人，不可得而数者万数也"。(《史记·封禅书》正义引《韩诗外传》)这里透露给我们一个信息，泰山封禅不是始于无怀氏，而是更早。早到什么时候，无从查考。但据有史记载的秦始皇至宋真宗一千二百余年间，有 8 帝 14 次封禅泰山，大体约 85—150 年即有一次。

泰山是一座名山，也是历代帝王、达官显贵、文人墨客、云游僧道、百姓众生的向往之地。人们均以登上泰山为自豪，使得不同的政治思想、道德观念、憧憬希望在泰山以不同的形式和载体体现出来。泰山不但拥有壮美的自然景观、丰富的历

史文化，还有许多动人的传说和典故。如：碧霞元君的传说有两个不同的版本，暴经石的传说、五大夫松的传说、仙泉的传说等等。正是这许许多多的典故与传说，反映了中华民族自强不息、奋发向上的精神，不屈不挠、光明磊落的传统美德，以及对邪恶势力的仇视和对幸福生活的向往。吸引着历代文人骚客接踵而至，留下了脍炙人口的诗文碑刻。因此，泰山有书法石刻艺术馆的美称。泰山作为中华民族的伟大象征，于1987年被联合国列为世界自然与文化遗产。

泰山素有书法石刻艺术馆的美称

泰山是如此令人神往，历代文人名士胸怀无法排解那与生俱来的泰山情结。无论是孔子，还是司马迁、杜甫，都与泰山都有不解之缘。孔子把自己比作崇高的泰山，当感到自己将不久于人世时，他高声吟唱："泰山其颓乎，梁木其坏乎，哲人其萎乎！"孔子把自己的生死与泰山联系在一起，足见泰山在孔子心中的重要地位。孔子登泰山拓展了泰山的文化内涵，泰山促进了儒家思想的发扬光大，孔子也开了名人登泰山的先河。后人纷纷效仿。

司马迁在《史记》中专门写了一篇

泰山是一座名山，也是历代帝王、达官显贵、文人墨客、云游僧道及百姓众生的向往之地

《封禅书》，对封禅的起源进行了探索，把历代帝王的封禅活动进行整理，生动翔实地记载了这种富有政治色彩和文化色彩的祭祀活动，引起了后代帝王的重视，将其作为隆重的国家大典加以延续。"人固有一死，或重于泰山，或轻于鸿毛"。表明泰山在司马迁的心中，其地位和形象是多么庄严而崇高。

大诗人杜甫第一次登泰山就写下了千古传诵的名作《望岳》，将泰山从鬼魂、神仙、封禅等迷雾中解放出来，是有关泰山的风景诗的开创性作品，还泰山以自然的本色。

（二）孔子与齐鲁文化的地位

所谓"一圣人"是指孔子。其实，齐鲁地区古圣人远不止孔子一个，上古的三皇五帝都是负有"圣"名的人物，他们与齐鲁、与泰山有密切的关系。春秋战国时代称"圣人"者除孔子之外，还有兵圣孙子、工圣鲁班、医圣扁鹊，以及次一等的复圣颜渊、述圣孔伋、宗圣曾参等。

"圣人"之下，是大批贤哲。孔子弟子有72贤；战国时代的稷下学者，多至数百上千人，是这批圣贤再造了齐鲁文化的辉煌。到两汉，齐鲁仍人才济济。魏晋之后，文化

诗人杜甫在《望岳》中这样赞颂
泰山会当凌绝顶，一览众山小"

随人南迁，齐鲁地区才逐渐失去其先进地位。而在这些先贤中，最重要、最能说明齐鲁文化在中国文化史上突出地位的还是孔子。

中国传统文化不管内容多么复杂，其核心和主干仍是儒家文化。而孔子是儒家学派的创始人，尽管儒家文化经过孟子、荀子以及汉代屡次改造，特别是董仲舒和宋代朱熹两次大的改造，被定为统治思想的儒术，已不是原来的孔子儒家。但是孔子的创建之功，是怎么也抹不掉的。"中华无仲尼，万古如长夜"，孔子这颗中华文化的巨星，这位承上启下、继往开来的大师如明灯照亮华夏。

孔子追慕三代，效法先王，直攀唐虞，而尤崇西周，有"周监于二代，郁郁乎文哉！吾从周"（《论语·八佾》）的话。因周代经过周公制礼作乐，对前两代文化进行了批判性的继承和发展，是当时最先进的文化。但是，孔子的开创性工程，绝不只是对周礼文化依样照搬，而是对殷、夏两代文化以至唐虞之世也都有所批判总结和继承的，特别对史前占领先地位、能代表中华上古正宗传统的东夷文化，他很感兴趣，曾向郯子问夷礼。"子欲居九夷。或曰：'陋，如之何？'子曰：'君子居之，何陋之有？'"（《论语·子罕》）他还有"道不行，

古代的很多名人圣贤都与齐鲁、与泰山有着密切的联系

乘桴浮于海"（《论语·公冶长》）的话。东部沿海或附近岛屿，正是当时夷人存在的地区。他对《韶》乐极尽赞美之词。《论语·八佾》载："子谓《韶》：'尽美矣，又尽善也。'谓《武》：'尽美矣，未尽善也。'"《论语·述而》又载："子在齐闻《韶》，三月不知肉味，曰：'不图为乐之至于斯也。'"孔子认为《韶》乐不论是在艺术形式上，还是思想内容上，都达到了美、善之至。而《武》则在形式上达到了完美，而在思想内容上还未达到至善。为什么？据传说：《韶》是大舜所作，《武》是周武王时的音乐。大舜是东夷人。也就是说，

齐鲁地区人杰地灵，英杰辈出

齐鲁文化的地位

孔子在音乐方面，崇尚东夷胜过了西周。为什么他认为《韶》与《武》比较，艺术形式都达到了完美的程度，而思想内容上《武》没有《韶》完善呢？这大概是因为《韶》体现的东夷文化"仁"的精神本质，要比《武》体现的周礼文化的精神更高。孔子儒学思想体系是以仁为思想内容，以礼为规范形式的，它的核心是"仁"。"仁"是东夷人的本性，东夷文化的精神本质。《说文解字·羊部》云："夷俗仁，……有君子、不死之国。"《汉书·地理志》说："东夷天性柔顺，异于三方之外，故孔子悼道不行。设浮桴于海，欲居九夷，有以也夫。"

泰山一景

孔子整理"六经"，系统研究了古代文化遗产；他周游列国，全面了解当时社会情况，然后以其超人的智慧，综合创新，建立了既承古代文化传统，又开后代文化传统的庞大思想文化体系——儒学。

过去学术界往往囿于"述而不作，信而好古"（《论语·述而》）的夫子自道，以为孔子对古代文化遗产只是整理编删，对于周礼文化也只是依样画葫芦地进行复制，因此，肯定其保存古代文化遗产的贡献，而否定其前无古人后启来者的新的文化建构的创造，甚至说他守旧复古，一心想着恢复西周奴隶制。这是偏见，

巍峨的泰山以它独特的魅力吸引
着古往今来的文人雅士

是不符合孔子思想实际的。

　　冯友兰先生对夫子自道有一种解释是比较中肯的。他说："孔子虽如此说，他自己实在是'以述为作'，他和他开创的儒家学派讲'古之人'，是接着'古之人'讲底，不是照着'古之人'讲底。"有人赞成孔范今先生的意见："不必泥于字面的意思，误以为孔子的思想不过是守旧式的总结和坚持。孔子的夫子自道，不过是在表明所倡有据，为自己指向伦理性实践的学说提供一个'已然性'的实践基础而已。……很难想象……孔子作为一位开创一大学派的大师会一味泥古，裹足不前……我们并不想否认孔子在对社会政治经济变革上所表现出来的保守态度，但作为一种文化变革的范式，即打着崇古的旗号进行新的文化建构。从文化的角度或者从对历史变革的更宽泛的理解来看，对其内蕴深刻的革新意义，却不能不予以正确认识。"要科学地认识这一问题，我们必须从将文化变革与政治历史混同一体以及对历史丰富内容的简单化理解中解脱出来。就从对历史的态度和作用来说，看到社会转型期所出现的文化失范即所谓"礼坏乐崩"现象，多企图从人文精神方面补历史之弊，调整人们的社会生存状态，即如现在人们寻找失落的人文

泰山孔子小天下处

精神一样，这怎能被视之为拉历史倒车呢？

其实，孔子是一位伟大的改革家，他对三代文化观念进行了革命性的改造。他"能在'天人合一'的混沌文化背景中，独对'人道'作出耀古烁今的创辟，从而真正建构了古老中华文化核心秩序，并铸造了传统人文精神之魂"。三代文化，天地鬼神盛行，可以说是一种"天"主宰的鬼神文化。孔子改造了三代文化中的人格神观念和天命观念，排除了对鬼神的虚妄迷信，摄取了其中天命观的精髓，"为自己的人学建构找到了一个逻辑的前提，也为之奠定了

山势险绝、怪石林立的泰山

一个天人合一的东方哲学基础"。

孔子最深刻最有价值的创造，是他引仁入礼，把东夷人文化精神中最本质的"仁"同三代文化、特别是周代文化中最基本的礼结合起来。建立了他以仁为核心内容，以礼为规范形式的仁学思想体系。什么是"仁"？"仁者人也"，这是最基本的概括。孔子对仁的解释很多，但都是讲做人的道理，其中最核心的一条叫做"仁者爱人"。"爱人"是做人的根本原则，也是处理好人际关系的最有效最完美的方法。所以康有为说："仁者，人道交偶之极则。"郭沫若先生说："所谓仁道"，"也就是人的发现"。的确在奴隶社会，奴隶主不把奴隶当人看待。只有在奴隶解放的时候，才能出现这种"仁道"思想。孔子的"仁学"是适应奴隶解放这个潮流的。

山东孔府飞檐

但有些论者，至今把孔子的"人"或"民"说成是奴隶主贵族阶级，我们认为太曲解孔子的原意了。其实，孔子的"人"是泛指人类，"是作为一种不同于他物的'类'的概念出现的"。把"人"看做社会构成的基元，看做处理人际关系的起点，不仅使其学说必然蕴涵了对个体生命存在的平等意识，而且也获得了对于人类的永远的意义。孔子说：“天之所生，地之所养，无人为大。”《礼记·祭义》在当时的社会环境和文化背景中，这确是振聋发聩的一声，其意义绝不只是为一个时代所占有，“尤其值得称道的是，在孔子的亲和思想中，不仅没有族界，而且没有国界，凡天下有人之处应如此，这和后世狭隘的民族主义、狭隘的国家主义没有共同之处”。

孔子的又一伟大的革命性的创建，是他创办私学和提出“有教无类”的主张。“有教无类”为人人有受教育的权利确立了一个平等的原则，创办私学又为使人人受教育开了先河。

泰山巨石

孔府一景

这对过去"学在官府"又何尝不是一次革命性的开创？因此，说他是"中国第一个使学术民众化"的人，实不为过。

孔子崇尚周礼，但对周礼绝不是原封不动地照搬或死板机械地套用，而是循着其基本原则和思路加以改造和发展，其中有许多重大的突破。如他引仁入礼，要求礼一定要符合仁的精神，也就是守礼不违仁，故他说："人而不仁，如礼何？"（《论语·八佾》）

孔子所创立的儒学，不仅成为中华民族得以凝聚的文化之根，影响到中国传统文化发展的独特模式，而且超出了它的原生区域

山东孔府二堂景观

和民族，走出了国界，远播东亚，形成了东方儒家文化圈，近世又波及西方，唤起"生活在那里的智者，也会在新人文主义的潮流中呼吁到东方去寻找孔子的智慧"。

孔子儒学之所以能被统治阶级确立为正统思想，主要是因为孔子的思想满足了统治阶级统治人民的需要。一是赖于孔子超人的智慧，"好古敏求""学而不厌""发愤忘食，乐以忘忧，不知老之将至"的奋斗精神；二是他以睿智机敏的扬弃，全面批判继承古代文化传统，完成了一次文化观念重大转型的开拓、改造和创新，

孔林门前的石狮

使古老的传统文化在新的历史时期获得一次新生和飞跃的发展。故孔子儒学作为中国传统文化赖以凝聚的核心，为学者之宗，流传两千余年，几经阶级的、民族的、思想文化的斗争风雨和大批判的劫难而批而不倒，弃而不掉，今天和今后也还会在新的现代文化的构建当中作为一种不可忽视的因素发挥它的作用。孔子在中国文化史上，实在是一位为前世集成，为后世立极的人物，他的学说成为中国传统文化的核心。

孔子是教育家、思想家、政治家，是中国五千年来对华夏民族的性格、气质产生最大影

齐鲁地区是古代中华文明发祥较早的地区之

响的人。作为一位品德高尚、正直乐观、积极进取的知识分子，一生都在追求理想社会，追求真善美。孔子不但对中国历史、文化有巨大而深远的影响，还对世界历史和文化有着不容忽视的影响。孔子是中华民族的骄傲，也是世界的骄傲。

总之，齐鲁地区是古代中华文化和文明发祥较早的地区之一，齐鲁文化是黄河与泰山既冲撞又结合的产物，两度繁荣，且通过孔子完成转型，承上启下地联为一体。

五、齐鲁文化的精神

壁立千仞的泰山石刻

　　长期以来，齐鲁文化一直被视为中国传统文化的主流，在中国传统文化的形成中发挥重要的核心和主体作用，是由于齐鲁文化具有自强不息的刚健精神、崇尚气节的爱国精神、人定胜天的能动精神、民贵君轻的民本精神、厚德仁民的人道精神、大公无私的群体精神、勤谨睿智的创造精神等。对我们民族优秀传统精神的形成具有重要作用，从而具有强大的凝聚力。在今天，对于培育和弘扬中华民族的精神具有重要的理论和实践意义。

（一）自强不息的刚健精神

　　"天行健，君子以自强不息。"自强不息是齐鲁文化的基本精神之一，是其发展的内在动力，也是齐鲁文化生命力的渊源。在这种精神的影响下，齐鲁大地，地灵人杰，涌现了灿若繁星的杰出人物。姜太公、管仲、晏婴、孔子、孙子、墨子、孟子等，以他们为代表的儒、墨、管、兵等学派，都是主张积极入世，充满进取的意识、自强不息精神的。管仲重功名，尚有为，不拘小节，人们尽可以鄙视他的为人，却无法抹杀他厉行改革、富国强兵，辅佐齐桓公称霸诸侯的丰功伟业。孔子主张积极进取，"为之不厌""好古敏求""发愤忘食，乐以忘忧，不知老之将至"（《论语·述而》）。孔子的思想，在《易传》中有所发展。《象传》提出"刚健"观念，赞扬刚健精神云："刚健而文明"（《大有》），"刚健笃实辉光"（《大畜》）。《象传》提出"自强不息"原则。孙子是兵家的杰出代表，区分战争的性质，主张用正义的战争制止不义之战。墨家在进取有为方面比儒家有过之而无不及。为了救世济民，推行兼相爱、交相利的主张，"日夜不休，以自苦为极"，哪里有战争的阴霾，墨者就赶到哪里，努力制止战争。其他齐鲁英杰，虽主张各异，观

山东孙膑旅游城孙膑塑像

齐鲁文化的精神

刚劲的泰山孕育了齐鲁人坚韧的个性品质

点不同，但在刚健进取方面，则是一致的。齐鲁文化这一基本精神，在中国传统文化中得到充分发扬，成为我们民族的基本精神，对我们民族的自强、自立、发展、壮大，独立于世界民族之林，起了巨大的积极作用，对今天的中国知识分子影响极大。

（二）崇尚气节的爱国精神

中华民族十分重视气节，这种气节是一代

又一代中华优秀儿女共同铸就的。而追根溯源，这种精神财富是齐鲁文化对民族的一大贡献。

气节即志气和节操，指的是为坚持正义和真理，宁死不向邪恶屈服的品质。气节之中，民族气节是爱国主义的道德基础，它以维护国家利益为最高原则，表现出不屈不挠的奋斗精神和强烈的忧国忧民意识。最突出的代表是儒家。孔子有"三军可夺帅也，匹夫不可夺志也"（《论语·子罕》）的名言，孟子有"富贵不能淫，贫贱不能移，威武不能屈"（《孟子·滕文公下》）的壮语，成为中国人的人格标准。孔、孟自己也是这种精神的践行者。孔子周游列国14年，历尽坎坷，到处碰壁，在宋、郑、陈、蔡等地陷入困境，却仍然保持乐观精神，坚持自己的思想主张。在强权面前，孔子表现出大无畏的精神气概。公元前500年，齐鲁夹谷之会。齐国利用献乐舞的机会，欲劫持鲁定公。孔子及时发现，挺身而出，严词痛斥齐国国君，挫败了齐人的阴谋，保卫了鲁定公的安全，维护了鲁国的尊严。（见《史记·孔子世家》）。在真理面前，孔子是"学而不厌""敏以行之"。他

泰山上精致的石雕

泰山五岳独尊刻石

泰山一景

齐鲁文化

山东孟庙一景

一生学无常师，先后向许多人学习，成为学术大师。他创办私学，广收门徒，授徒三千，贤人72名，整理了《易》《礼》《诗经》《尚书》等古代文献，为我们民族文化的形成和发展，作出了永不磨灭的贡献。

孟子则善养"浩然正气"，推行其王道主义，把治理天下作为己任，提出"乐以天下，忧以天下"（《孟子·梁惠王下》）的主张。为追求真理，维护正义，可以舍生忘死，体现出舍我其谁的大丈夫气概。

人们对管仲的看法自古至今都存有争议。他先辅佐公子纠，公子纠死后，反事其仇敌公子小白，也就是齐桓公。孔子的学生子路、子

泰山景观

贡就对管仲的行为提出疑问。而孔子对管仲的评价是："如其仁！如其仁！"认为管仲辅佐齐桓公，称霸诸侯，一匡天下，建立的是不世功业。管仲自己对这件事的解释是，不死于公子纠之难，是因为他"不羞小节而耻功名不显于天下也"。（《史记·管晏列传》）管仲的"功名"是与平治天下联系在一起的。他相桓公，霸诸侯，一匡天下，尊王攘夷，捍卫了中原和平和文明。这与对于一家一姓的忠诚相比，是胸怀民族国家的大局，是真正的大节。孔子肯定管仲，正是对他这种大节的肯定，管仲的爱国主义是深层次的，不是一般意义上的忠君忠主思想。

齐鲁诸子及其思想也都表现出不同形式不同程度的爱国行动和爱国精神。孙膑在桂陵、马陵击败魏国军队，保卫齐国；信陵君窃符救赵，既救了赵国，也提升了魏国地位，是爱国的行为。鲁仲连义不帝秦，用三寸不烂之舌解楚南阳之围，退赵兵，使侵占聊城的燕国十万之众退走；晏子长于辞令，善于外交，出使楚国，舌战群敌，为齐国扬威；墨子日夜奔走，消弭战争等外交活动，也是爱国行为。诸子百家争鸣，提出自己的主张，并进行文化思想创造，同样是爱国表现。孔、

孟有教无类，办教育，育人才，传播思想文化，也是爱国之举，而且功在千秋。总之，爱国是有多种表现形式的，关键时刻挺身而出；生死关头宁为玉碎，不为瓦全；为理想而杀身成仁，舍生取义。在这方面齐鲁诸子为我们留下了光辉的思想和模范的行为。齐鲁文化的这一基本精神，成为我们抗击外来侵略、捍卫民族尊严的强大精神力量。

（三）人定胜天的能动精神

天人合一是齐鲁文化、也是中国传统文化中一个基本观点和最高境界。天人合一，不仅神道主义者认为天是人的主宰，就是作为哲学的自然观，也是天人合一的观点。

天人合一是齐鲁文化，也是中国传统文化中一个基本观点和最高境界

孔林一景

孔庙孔林孔府已成为世界文化
遗产之一

巨石林立的泰山

　　孟子认为"尽其心者，知其性也。知其性，则知天矣"（《孟子·尽心上》），是天人合一观点的起点。孟子讲的所谓性，就是人固有的本性，如恻隐之心、善恶之心、辞让之心、是非之心等，而心其实就是指思维器官。"心之官则思，思则得之，不思则不得也，此天之所与我者。"（《孟子·告子上》）所以，尽心便能知性，知性也就是知天了。孟子还没有明确提出天人合一。

　　《易传》讲人与天地合德的思想。"夫大人者，与天地合其德，与日月合其明，与四时合其序，

与鬼神合其吉凶，先天而天弗违，后天而奉天时。"（《乾卦·文言》）又说，"后以裁成天地之道，辅相天地之宜"。（《泰卦》）

阴阳家将天象和人事联系在一起，讲"天人感应"，这种观点影响至深。

但是，在天人合一思想之中包含着齐鲁文化当中人定胜天的能动精神，其代表人物是荀子。《荀子·天论》云："天有其时，地有其财，人有其治，夫是之谓能参，舍其所以参，而愿其所参，则惑矣！"明确天人之分，提出"制天命而用之""人定胜天"的光辉思想，强调人的能动作用，这种思想在古代是难能可贵的，其中充满了辩证、唯物精神，对后世影响至深至大。

（四）"民贵君轻"的民本精神

齐鲁文化留给我们的最为光辉的思想元素之一，就是"民贵君轻"思想，是孟子首先提出来的。《孟子·尽心下》云："民为贵，社稷次之，君为轻。"这是民本主义发展到战国时代极激进的口号。其实，民本主义并不是形成于战国，在春秋时期已形成一种思潮，影响了诸子思想。最早提出"以人为本"的是管仲。然而鲁国的儒、

孔林一景

孔林雕刻精美的石牌坊

墨在"重民""爱人"方面，更加激进，理论也更系统。孔子的仁学思想体系，就是在民本思想基础上建立起来的。"仁者爱人"，是对人本主义的最高概括。"民贵君轻"开创了中国民本主义思想的先河。

（五）厚德仁民的人道精神

与"人道"相对的是"神道"。"神道"就是以神为本，把人放在被神支配的被动地位，是没有独立人格的。如"夏道遵命，事鬼神而远之""殷人尊神，率民以事神，先鬼而后礼"。（《礼记·表记》）人在神面前是奴隶，奴隶是不被当人看待的。人道主义是以人为本位，强调

山东孟府一景

立于孔府的石刻

孔林一景

泰山日出

临淄亚圣祠

人的价值，尊重人的独立品格，维护人的尊严和权利。把人当人看待，在中国始于西周周公旦的"敬天保民"思想，重点在"怀保小民"，"德"和"天"也不分。因为周人还不是人道主义者，仍然重于讲命，只是鉴于殷商灭亡，从中看到了奴隶的力量。至春秋奴隶制改革运动中，人本主义形成之后，古典人道主义才真正形成。

人道精神，是齐鲁文化的灵魂和核心。齐鲁文化是围绕"人"这个核心展开的，因此，我们把齐鲁之学概括为"人学"或"仁学"。也就是说，齐鲁诸子百家，无不高举人道旗帜，把人作为治国的根本。如管、晏主张富民、利民、

孔林一景

顺应民心、因民之俗、从民之欲，稷下先生基本遵循管、晏思想，稍变形式，而本质一样。墨家的兼爱、非攻、非命、节葬、贵义、兴利，"兴天下之利，除天下之害"（《墨子·非乐上》），无不从"人"出发，为人谋利益，为劳动人民谋利益。因此，无不折射着人道精神的光辉。当然，人道精神体现最突出、理论最系统的还是儒家，孔子是当时，甚至是中国古代一面光辉的人道主义的旗帜。他创立的儒家文化体系被称为仁学体系，也就是人学体系。他那"仁者爱人"的命题，是人道精神的最高体现，孔子比管、墨高明，似乎他突破了阶级的、种族的、国家的、地域的局限，把"人"作为一大类来看待。他的"爱人"，是"人类之爱"，这和他的"有教无类"是一致的。

当然，对孔子其人其思想是有争议的，但是我们说孔子的"仁爱"是讲的"人类之爱"，是从孔子思想的实际出发的。在当时，我们只能说是难能可贵的。至于孔子对"爱人"的论述，他的"仁爱"思想体系，在此无法也无须展开，人们对孔子"爱人"思想的种种看法和争论，已是学术界熟悉的问题，我们只说："人道思想是齐鲁文化的核

泰山古槐树

心思想，人道精神是齐鲁文化最基本的精神，离开了人道精神，齐鲁文化不仅会黯然失色，而且简直变成另一种样子，失去了它的重要意义。"

（六）大公无私的群体精神

中华民族崇尚集体主义，讲合群，讲和谐，

孟林一景

讲统一，强调大公无私。

群体主义精神，是齐鲁诸子、各家学派的又一共同主导精神。首先，管仲及管仲学派对合群、团结、同心同德是十分重视的，他们认为合群、团结、万众一心是力量的源泉，是克敌制胜的根本。尽管管仲及管仲学派的学术思想基本是从霸业出发的，但是对"人和"则是强调的。

墨家以天下为己任，强调："兴天下之利，除天下之害"，以"利他""利人""无我"为极限，可说是大公无私的典型。但是在理论的全面系统上则比儒家大差一筹，首先，孔子把"和""同"分开，强调"君子和而不同"（《论语·子路》），

民国刻本《墨子哲学》

为其大公合群的思想建立了理论基础；其次，孔子在总结前人关于群体主义思想的基础上提出了"天下为公"的"大同"理想，并绘制了他那理想社会的蓝图，即《礼记·礼运》所载"子曰：大道之行也，天下为公……"的一段话。这种理想社会，自然是空想的，但它却把"大公无私"的群体主义精神发挥到了一个高度，使人们向往，并把它作为一种高尚的追求，为之奋斗不已，吸引着、凝聚着我们民族的群体，在他设计的现实的"小康"之目标下不停地前进。

《墨子哲学》内文

孔府一景

荀子塑像

继孔子之后，另一位集大成的儒学大师荀子把群体主义提到了人类理性的高度。《荀子·王制》："水火有气而无生，草木有生而无知，禽兽有知而无义，人有气，有生有知，亦且有义，故最为天下贵也，力不若牛，走不若马，而牛马为用，何也？曰：人能群，彼不能群也。人何以能群？曰：分。分何以能行？曰：义。故义以分则和，和则一，一则多力，多力则强，强则胜物"，"故人生不能无群"，"群道当则万物皆得其宜，六畜皆得其长，群生皆得其命。"

对我们民族的群体精神或集体主义观

念，在文化讨论中时常受到否定性的批判，认为它束缚了个体人性的发展。但是，我们认为，大公无私的群体精神和集体主义观念的形成绝非无因，是我们民族在数千年文明历史发展中总结出的思想，早已成为我们民族的优秀传统精神之一，它对我们民族的心理心态、价值观念、伦理道德和思想方式都有深刻影响，对我们国家和民族的发展所起的积极作用是巨大的。首先，我们民族的凝聚、人民的团结、国家的统一，虽历尽外来民族和外来文化的冲击而颠扑不破，群体精神起了不可忽视的作用。其次，大公无私的集体观念，激励着一代又一代的仁人志士为国家、为民族、为人民，克己奉公，舍生忘死，

齐长城遗址

龙山文化遗址出土的黑陶高柄杯

成仁取义，英勇献身。再次，中国古代"天下为公"的大同理想虽不科学，但与未来共产主义理想在精神上是有内在联系的。马克思主义的科学共产主义理论能在中国这块古老文化哺育的土地上生根、开花、结果，是与二者内在的精神联系分不开的。深入发掘中华民族大公无私的群体精神，对我国现代化事业也是有重要意义的。

（七）勤谨睿智的创造精神

齐鲁古代文化之所以兴旺发达、人才济济、圣贤辈出，优越于其他地区，除了上文我们讲的优越的自然条件和民族聚居融合的动力，以及上述基本精神之外，还有一点，很值得深入研究，

徐家村大汶口文化早期堆积中
出土的陶纺轮

大汶口文化遗址出土的石玉斧

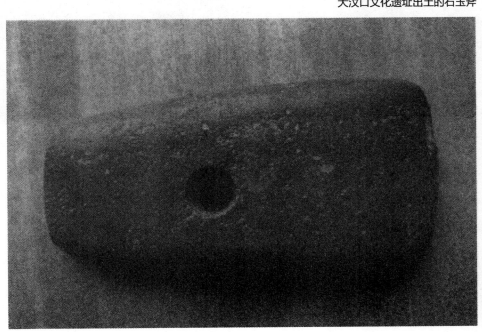

泰山一景

那就是常被人们忽视的齐鲁文化中勤睿的创造精神。这一精神不仅表现在先秦齐鲁诸子百家，而且表现在史前东夷人的发明创造。

史前东夷人的发明创造很多，小至弓、矢、舟、车的发明，中至渔、猎、农、牧、酿造、冶炼技术的创造，大至天文、地理、律历、礼乐制度的发现和创建。据文献记载和历史传说，

孔府一景

"大多无出东夷者"。诸多考古资料、文献记载和历史传说是大体可信的。因为东夷民族是勤劳、勇敢、聪明睿智、善于发明创造的民族,而又以仁厚、逊让、谨慎著名。勤劳则聪明睿智,谦逊则进取向上;仁厚则宽容,善于和易于吸纳外来文化、取人之长补己之短,故史前东夷人发明创造居

立于孔府的石碑

曲阜明故城

多。

　　春秋战国时代，齐鲁地区似乎再现了史前东夷文化的繁荣，管仲是伟大的政治家，管仲改革，就是一次宏伟的创建工程，从政治、经济、文化、教育到军事等，都有重大的创建。孔子是伟大的思想家、教育家。过去人们受"述而不作"夫子自道的束缚，认为他只是文化的继承和传授者，其实，他的思想文化的创造革新是全面的，无与伦比的。拿中国传统的礼乐文化来说，一般认为是周公的创造，孔子只是"从周""继周"者。周公虽是礼乐文化的首创者，但是周礼文化到春秋时期早已崩坏。孔子的礼乐文化思想完全是他个人的创造，后世流传的礼乐文化传统实际是孔子的一套。孔子被尊为

齐相管仲之墓

齐鲁文化的精神

至圣先师是恰当的。

孙膑塑像

齐国兵学独树一帜，其他各国无法比拟。孙子集其大成，著成世界上最古老、最有影响的兵典——《孙子兵法》。孙武一生致力于武学，被后人尊称为兵圣、兵学鼻祖。作为大将军率领吴国三万军队大败楚国军队二十万，一举攻克郢都，创造经典战例。其著作《孙子兵法》13篇，5000多字，包含了博大精深的理论体系和丰富的思想内涵，被历代兵家奉为经典。此外，孙武的军事思想并不局限于军事领域，如今人们把它应用在政治、外交、商业等诸多领域。

在科学技术方面，春秋战国时代的主要成就也多出自齐鲁。鲁班不仅是能工巧匠，被尊为土木工匠的祖师，他也是一位发明家。传说锯、伞等是他发明的，还发明了一种飞行器以及一些军事工具。

在天文学方面，齐人甘德在全国也是首屈一指的。他的天文著作与魏人石申的著作合为一本，即著名的《甘石星经》。

在地理学方面，邹衍的大九洲说，虽是由近及远、由小推大地推测加想象推出来的，但参照后来的地理发现，不能不说这是一项科学的推测。同时，他深观阴阳的变化，作"五

碑

一

巡按山東監察御史□□□初任余映昌章于茲者

□□□□□□□□□□□□□□□□□□□□之）

泰山景观

德终始"论，也是有天文学深厚基础的。

在医学方面，神医扁鹊——秦越人出于齐地郑阳，其在医学领域的成就在当时也是无人可及的。司马迁在《史记》中专门为扁鹊立传，称他为医学之首。他是我国第一位被载入正史的著名医家。扁鹊有丰富的医疗实践经验，对妇科、五官科、儿科都有很深的造诣。编著了大量的医书，其中最为著名的是《脉书》。这些著作都已经失传。

齐鲁文化堪称中国传统文化的正宗，其优秀的文化成果和精神食粮代代传承，随着岁月的流逝日益沉淀，并深深影响着当代中国社会。齐鲁文化特别重视修身养性，重视健全人格和心灵的

齐长城遗址青石关

扁鹊塑像

山东孟庙参天的古树

培养，重视人与人之间、人与社会之间、人与自然之间关系的协调。这些都是我们今天塑造健全的人格、提升精神境界的有益元素。

齐鲁文化给我们的真正启示是：每个人都要努力使自己成为有较高道德修养的人，成为有理想、有志向、有责任感和使命感的人。要培育新的民族精神，离不开对传统文化的继承与弘扬。齐鲁文化作为中国传统文化的重要组成部分，至今仍然具有独特的魅力，是新的民族精神形成的基础和前提。